MÉTHODE-SOLFÉGE

de

MUSIQUE VOCALE

Paris. — Imp. & Lith. SIMONET-DELAGUETTE, rue Ste-Croix-de-la-Bretonnerie, 18.

MÉTHODE-SOLFÉGE

de

MUSIQUE VOCALE

QUI

Présente les Principes de la Musique

SOUS LES TERMES LES PLUS CLAIRS,

les met à la portée des plus simples intelligences

ET PEUT, PAR LES CENT LEÇONS QU'ELLE RENFERME,

TENIR LIEU DE TOUTE ESPÈCE DE SOLFÉGE

SUIVIE DE SIX MOTETS A 3 VOIX

D'une exécution simple et facile pour le Salut du Saint-Sacrement,

PAR

M. L'ABBÉ DELACROIX

Chanoine Honoraire de Nevers, Maître de Chapelle et Directeur de la Maîtrise de Saint-Merry, Membre de l'Académie des Sciences Industrielles et Littéraires de Paris, et de celle des Arts et Métiers.

CET OUVRAGE A OBTENU UNE MÉDAILLE D'ARGENT

De la Société des Sciences Industrielles et Littéraires de Paris.

PRIX NET : 5 FRANCS.

3031

SE VEND CHEZ L'AUTEUR, rue de la Verrerie, 76.

ET AU BUREAU DU JOURNAL L'ÉLECTRICITÉ, 1, place de la Pointe Saint-Eustache, au 1er, *à l'angle de la rue Montmartre et de la rue Montorgueil.*

PARIS 1854.

Vm8 580 (1)

Extrait

Du Rapport fait par M. B. LUNEL sur la Méthode-Solfége de M. l'Abbé DELACROIX, à la Société des Sciences industrielles et littéraires de Paris, fondée par M. H. DUPONT, Médecin, en sa Séance du 16 Décembre 1853.

Toute bonne éducation Musicale doit commencer non seulement par l'étude d'une excellente Méthode, mais encore par une longue pratique des Solféges, soit qu'on se borne à l'étude du Chant, soit qu'on se propose d'apprendre à jouer d'un instrument; car rien n'est comparable aux exercices de *Solmisations* pour acquérir le sentiment de la mesure et la justesse de l'intonation. C'est là malheureusement ce qui est peu compris des parents qui font enseigner à leurs enfants un instrument quelconque. — Que de jeunes gens, que de jeunes personnes ne rencontre-t-on pas qui ne sauraient solfier ce qu'ils exécutent passablement sur leur instrument.

Il faut avouer que ce qui rebute trop souvent la jeunesse dans cette étude, c'est la sécheresse de la plupart des Méthodes et la difficulté du plus grand nombre des Solféges. Mr l'Abbé Delacroix qui est Maître de Chapelle et Directeur d'une Maîtrise et qu'une longue expérience a mis à même de reconnaître ce qui causait le dégoût et l'ennui qu'éprouvent les enfants dans ces rudes exercices de vocalisation, a composé un volume qui renferme tout à la fois et une Méthode simple et facile et un Solfége dont les leçons sont progressives et agréables à chanter.

Mr l'Abbé Delacroix que nous nous faisons gloire de compter au nombre des Membres de notre société a soumis son œuvre à votre jugement éclairé. Vous avez nommé, Messieurs, une commission à l'effet d'examiner cette Méthode Solfége. — Cette commission s'est livrée à cet examen avec conscience et impartialité; elle a reconnu que la Méthode est d'une simplicité et d'une précision qui la met à la portée des plus simples intelligences, et que les leçons renfermées dans le Solfége sont tellement graduées, tellement progressives qu'elles bannissent toute fatigue et tout ennui et qu'elles offrent même à l'élève un charme réel.

L'œuvre de Mr l'Abbé Delacroix qui se recommande surtout par les avantages qu'elle doit procurer aux enfants des écoles et des pensionnats, mérite donc, Messieurs, les encouragements de la Société, et nous venons vous demander une Médaille d'Argent qui soit la première récompense de cette œuvre intéressante.

Ce rapport de Mr LUNEL, dont on ne trouve ici qu'un court extrait, a été signé par tous les Membres de la Commission dont les noms suivent.

CHERTIEN, Professeur au Gymnase Musical de Paris.
CAVALLO, Organiste de St-Vincent-de-Paul, Compositeur.
A. LAMOTTE, Chef d'Orchestre, id.
RUBENER, id. id.
JACQUES (Victor), id. id.
F. VIRET, Ex-Maître de Chapelle, id.
TRIEN, Professeur de Musique.
GRILLIÉ, Père et Fils, id.
WACHS, Organiste du Chœur de Saint-Merry, Professeur.
KRAMER, id.
PRÉAU, Chef d'Orchestre, Compositeur.
B. LUNEL, Membre de l'Académie Impériale des Sciences de Caen.
A. DUBOCAGE, Président de l'Académie des Sciences industrielles et littéraires de Paris.
DELESCHAMPS, Vice-Président.
H. DUPONT, Secrétaire Général perpétuel, Fondateur.

A la suite de la lecture du susdit rapport, les Membres réunis de la Société ont accordé à l'unanimité la Médaille d'Argent à Mr l'Abbé DELACROIX.

Un assez grand nombre de Méthodes diverses pour l'enseignement de la Musique et surtout de la Musique Vocale ont paru en France ou dans les différents royaumes de l'Europe. Sans vouloir en déprécier aucune, depuis plus de vingt ans que nous professons, nous n'en avons pas rencontré une seule qui ne laissât quelque chose à désirer; les unes étaient trop brèves et trop concises : les autres trop longues et trop diffuses. Les premières donnant à peine à l'Élève la clef de l'Étude de la Musique, le forçaient à avoir trop tôt recours à des Solféges trop savants pour de jeunes enfants ; les secondes au contraire présentaient à ces mêmes enfants des raisonnements si profonds et si abstraits que le dégoût et la lassitude s'emparaient promptement de ces jeunes intelligences.

Ce que nous disons des Méthodes, nous pouvons le dire des Solféges ; certes, de l'aveu de tous les connaisseurs, les deux Solféges les plus recommandables sont le Solfége *d'Italie* et le Solfége de *Rodolphe ;* Eh! bien, nous, qui nous faisons gloire d'avoir été élevé dans une des Maîtrises les plus célèbres de France, fondée et dotée en 1814 par Napoléon, nous nous faisons gloire également d'avoir puisé nos connaissances musicales dans ces deux fameux Solféges *d'Italie* et de *Rodolphe,* et cependant, nous n'avons pu oublier que dans notre enfance, le premier nous fatiguait par ses longueurs, et le second nous rebutait par les difficultés qu'il présentait, sans progression, dès les premières pages.

Nous sommes loin assurément de prétendre que le volume que nous présentons au Public soit un chef-d'œuvre ou même quelque chose de tout-à-fait nouveau et extraordinaire ; nous avons voulu seulement rendre plus clairs les principes de la Musique et en faciliter la connaissance aux intelligences les plus bornées; et par une suite de leçons courtes et progressives, nous avons cru pouvoir remplacer près de nos jeunes Élèves, du moins pour un temps, l'étude des Solféges trop savants et trop volumineux.

Qu'on lise seulement notre premier chapitre si simple sur les éléments de la Musique; qu'on parcourre quelques unes des leçons si brèves que nous n'avons empruntées à aucun Solfége, que nous avons composées nous-même et qui viennent, comme exemples, à l'appui des principes; et qu'ensuite on nous juge avec impartialité, en nous tenant compte surtout de la bonne intention que nous avons d'être utile à une jeunesse si intéressante.

DELACROIX.

Cette Méthode est renfermée tout entière dans *huit Chapitres* seulement; mais chaque Chapitre est exposé d'abord dans son ensemble par le Professeur; puis il est repris par demandes et par réponses pour le graver plus facilement dans la mémoire des Élèves; et enfin chaque Chapitre est suivi d'un certain nombre de leçons de Musique qui servent d'exemples aux explications données dans le Chapitre.

CHAPITRE PREMIER & FONDAMENTAL.

Définition de la Musique. — de la Portée. — des Lignes. — des Notes. — des Clefs. — des Intervalles.

La Musique est la science qui enseigne le rapport et l'accord des sons.

On distingue deux sortes de Musique : la Musique vocale et la Musique instrumentale.

La Musique vocale est celle qui s'exécute au moyen de la voix.

La Musique instrumentale est celle qui s'exécute au moyen des instruments.

En Musique on appelle *portée* la réunion de *cinq lignes*.

Les lignes doivent se compter en commençant par le bas et non par le haut.

Les lignes servent à écrire la Musique.

Pour écrire la Musique on se sert de *notes* qui expriment les sons ; ces notes sont au nombre de sept et se nomment **do** *ou ut*, **ré**, **mi**, **fa**, **sol**, **la**, **si**. *Exemple, Page 13.*

Les notes s'écrivent sur les lignes et entre les lignes qui forment la portée.

Il y a trois clefs qui servent à donner le nom aux notes placées sur la même ligne que ces clefs.

Ces clefs s'appellent : clef de *fa*, clef de *do*, clef de *sol*. *Exemple, Page 13.*

La clef de *fa*, peut se poser sur la troisième et la quatrième ligne ; la clef de *do*, sur les quatre premières lignes, la clef de *sol*, sur les deux premières lignes.

Dans cette Méthode nous enseignons seulement la clef de *sol* sur la seconde ligne, comme étant plus en usage et plus généralement employée. Quand un Élève connait parfaitement sa clef de *sol*, il ne lui faut qu'un peu d'exercice pour appliquer façilement aux autres clefs ce qu'il a appliqué à cette clef.

Dans la gamme dont on voit l'exemple, *Page 13*, on compte, il est vrai, huit notes ; mais la dernière n'est pas une note nouvelle ; elle n'est que la répétition de la première, ou mieux, elle est le commencement d'une seconde série des sept notes. A la suite de ces huit notes formant la gamme on peut ajouter : ré, mi, fa, sol, la, si, etc. *Exemple, Page 13.*

Et dès lors, l'Élève devra fixer dans sa mémoire les notes qui sont placées sur les lignes et les notes qui sont placées entre les lignes : *Exemple, Page 13.*

Il est important de remarquer que le *do* d'en bas et le *la* d'en haut sont placés sur des lignes rajoutées aux cinq lignes formant la portée.

Il y a en Musique *sept intervalles.*

On appelle *intervalle* la distance qui existe d'une note à une autre note. On nomme les intervalles : intervalle de *seconde*, de *tierce*, de *quarte*, de *quinte*, de *sixte*, de *septième* et d'*octave*.

Une seconde, ce sont deux notes qui se suivent immédiatemont, sans qu'on puisse placer une autre note entre elles.

La tierce, ce sont deux notes entre lesquelles on peut placer ou supposer une autre note.

La quarte, ce sont deux notes entre lesquelles on peut en placer ou supposer deux autres.

La quinte, ce sont deux notes entre lesquelles on peut en placer ou supposer trois autres.

La sixte, ce sont deux notes entre lesquelles on peut en placer ou supposer quatre autres.

La septième, ce sont deux notes entre lesquelles on peut en placer ou supposer cinq autres.

L'octave, ce sont deux notes entre lesquelles on peut en supposer six autres. *Exemple, Page 13.*

MÊME CHAPITRE *par Demandes et par Réponses.*

D. Qu'est-ce que la Musique?

R. La Musique est la science qui enseigne le rapport et l'accord des sons.

D Combien distingue-t-on de sortes de Musique?

R. On distingue deux sortes de Musique; la Musique vocale et la Musique instrumentale.

D. Qu'est-ce que la Musique vocale?

R. La Musique vocale est celle qui s'exécute au moyen de la voix.

D. Qu'est-ce que la Musique instrumentale?

R. La Musique instrumentale est celle qui s'exécute au moyen des instruments.

D. Qu'est-ce qu'une *portée?*

R. Une portée, c'est la réunion de cinq lignes.

D. Comment doivent se compter les lignes?

R. Les lignes doivent se compter en commençant par le bas et non par le haut.

D. A quoi servent les lignes?

R. Les lignes servent à écrire la Musique.

D. De quels signes se sert-on pour écrire la Musique?

R. Pour écrire la Musique on se sert de notes.

D. Combien y-a-t-il de notes?

R. Il y a sept notes.

D. Comment les appelle-t-on?

R. On les appelle: **do** *ou ut*, **ré**, **mi**, **fa**, **sol**, **la**, **si**.

D. Où se placent ces notes?

R. Elles se placent sur les lignes et entre les lignes.

D. Combien y-a-t-il de clefs?

R. Il y a trois clefs dans la Musique.

D. Comment appelle-t-on les clefs?

R. On les appelle: clef de *fa*, clef de *do*, clef de *sol*.

D. A quoi servent les clefs?

R. Les clefs servent à donner le nom aux notes qui se placent sur les mêmes lignes que ces clefs.

D. Sur combien de lignes et sur quelles lignes se place la clef de *fa*?

R. La clef de *fa* se place sur deux lignes, la troisième et la quatrième.

D. Sur combien de lignes et sur quelles lignes se place la clef de *do*?

R. La clef de *do* se place sur les quatre premières lignes.

D. Sur combien de lignes et sur quelles lignes se place la clef de *sol*?

R. La clef de *sol* se place sur les deux premières lignes.

D. Quelle clef apprenons-nous de préférence dans cette Méthode.

R. Nous apprenons de préférence la clef de *sol* sur la seconde ligne, parcequ'elle est plus en usage et plus généralement employée.

D. Combien y a-t-il de notes dans la gamme?

R. Il y a huit notes dans la gamme: do, ré, mi, fa, sol, la, si, do.

D. La huitième note est-elle réellement une nouvelle note?

R. Non, la huitième note de la gamme n'est pas une note nouvelle: elle n'est que la répétition de la première, ou mieux le commencement d'une seconde série des sept notes.

D. A la suite de ces huit notes de la gamme, qu'elles sont les autres notes qu'on peut ajouter et qui doivent suivre?

R. Les notes qu'on peut ajouter à la huitième note de la gamme sont: ré, mi, fa, sol, la, etc.

D. Quelles sont donc les notes qui s'écrivent sur les lignes?

R. Les notes qui s'écrivent sur les lignes sont: do, mi, sol, si, ré, fa, la.

D. Quelles sont les notes qui s'écrivent entre les lignes?

R. Les notes qui s'écrivent entre les lignes sont: ré, fa, la, do, mi, sol.

D. Quelle est la remarque à faire sur le premier *do*, et sur le dernier *la*?

R. La remarque à faire sur le premier *do*, et le dernier *la*, c'est qu'ils sont placés sur des lignes rajoutées aux cinq lignes formant la portée.

D. Qu'appelle-t-on intervalle dans la Musique?

R. On appelle intervalle la distance d'une note à une autre.

D. Combien y a-t-il d'intervalles?

R. Il y a sept intervalles.

D. Comment les nomme-t-on?

R. On les nomme: intervalle de seconde, de tierce, de quarte, de quinte, de sixte, de septième et d'octave.

D. Qu'est-ce qu'un intervalle de seconde?

R. Une seconde, ce sont deux notes qui se suivent immédiatement sans qu'on puisse placer une note entre elles.

D. Qu'est-ce qu'une tierce?

R. Une tierce, ce sont deux notes entre lesquelles on peut en placer ou supposer une autre.

D. Qu'est-ce qu'une quarte?

R. Une quarte, ce sont deux notes entre lesquelles on peut en placer ou supposer deux autres.

D. Qu'est-ce qu'une quinte?

R. Une quinte, ce sont deux notes entre lesquelles on peut en placer ou supposer trois autres.

D. Qu'est-ce qu'une sixte?

R. Une sixte, ce sont deux notes entre lesquelles on peut en placer ou supposer quatre autres.

D. Qu'est-ce qu'une septième?

R. Une septième, ce sont deux notes entre lesquelles on peut en placer ou supposer cinq autres.

D. Qu'est-ce qu'une octave?

R. Une octave, ce sont deux notes entre lesquelles on peut en mettre ou supposer six autres.

LEÇONS

Appliquées au CHAPITRE 1er

Nº 1
DO, RE, MI, FA,
SOL, LA, SI, DO, DO, SI,
LA, SOL, FA, MI, RE, DO,
Nº 2
DO, RE, MI, FA, SOL,
LA, SI, DO, DO, SI, LA,
SOL, FA, MI, RE, DO,
Nº 3
DO, RE, MI, FA,
SOL, LA, DO, SI,
LA, SOL, FA, MI,
Nº 4
DO, RE, MI,
FA, SOL, DO,
SI, LA, SOL, FA,

Nº 5
DO, RE,
MI, FA,
DO, SI,
LA, SOL,
Nº 6
DO, RE,
MI, DO,
SI, LA,
Nº 7
DO, RE,
DO, SI,
Nº 8
Nº 9
DO, MI, RE, FA,
MI, SOL, FA, LA,

SOL, SI, LA, DO,
DO, LA, SI, SOL,
LA, FA, SOL, MI,
FA, RE, MI, DO,
Nº 10
DO, FA,
RE, SOL, MI,
LA, FA, SI,
SOL, DO, DO,
SOL, SI, FA,
LA, MI, SOL,
RE, FA, DO,

Nº 11
DO, SOL,
RE, LA, MI,
SI, FA, DO,
DO, FA, SI,
MI, LA, RE,
SOL, DO,
Nº 12
DO, LA,
RE, SI,
MI, DO,
DO, MI,
SI, RE,
LA, DO,

Nº 13
DO,
SI,
RE,
DO,
DO,
RE,
SI,
DO,
Nº 14
Nº 15

Nº 16

Nº 17
DO, RE, MI, FA, SOL,
SOL, FA, MI, RE, DO,
Nº 18
Nº 19

CHAPITRE II.

Des différentes espèces de Notes et des Mesures.

BIBLIOTHÈQUE IMPÉRIALE

Il y a en Musique sept espèces de notes qu'on appelle: la **ronde**, la **blanche**, la **noire**, la **croche**, la **double-croche**, la **triple-croche**, et la **quadruple-croche**. *Exemple, Page 25.*

Il faut remarquer la forme de ces différentes notes:

La **ronde** est un rond vide. La **blanche** est un rond vide avec une queue. La **noire** est un point noir avec une queue. La **croche** est semblable à la noire, mais elle a de plus un crochet au bas de la queue. La **double croche** a deux crochets; la **triple-croche** en a trois; et la **quadruple-croche** en a quatre.

La ronde vaut deux blanches ou quatre noires, ou huit croches, ou seize doubles-croches, ou trente-deux triples-croches, ou soixante-quatre-quadruples-croches.

La blanche vaut deux noires ou quatre croches ou huit doubles-croches ou seize triples-croches ou trente-deux quadruples-croches.

La noire vaut deux croches ou quatre doubles-croches ou huit triples-croches ou seize quadruples croches.

La croche vaut deux doubles-croches ou quatre triples-croches ou huit quadruples-croches.

La double-croche vaut deux triples-croches ou quatre quadruples-croches.

La triple-croche vaut deux quadruples-croches.

La quadruple-croche n'a que sa valeur intrinsèque.

On appelle *mesure* l'espace qui existe entre deux barres droites placées sur la portée. *Exemple, Page 25.*

Ainsi toutes les notes écrites entre ces deux barres forment une mesure.

Il y a trois sortes de mesures: la mesure à *deux temps*, la mesure à *trois temps* et la mesure à *quatre temps*.

La mesure à deux temps se marque ou s'écrit par un 2 ou un C barré.

La mesure à trois temps se marque par un 3.

La mesure à quatre temps se marque par un grand C.

La mesure à deux temps se bat en frappant et en levant.

La mesure à trois temps se bat en frappant, à droite et en levant.

La mesure à quatre temps se bat en frappant, à gauche, à droite et en levant.

MÊME CHAPITRE *par Demandes et par Réponses.*

D. Combien y a-t-il d'espèces de notes?

R. Il y a sept espèces de notes.

D. Quels sont leurs noms?

R. On les nomme: la **ronde**, la **blanche**, la **noire**, la **croche**, la **double-croche**, la **triple-croche**, la **quadruple-croche**.

D. Quelle est la forme de chacune de ces notes?

R. La forme de la ronde est celle d'un rond vide; la blanche est un rond vide avec une queue; la noire est un point noir avec une queue; la croche est semblable à la noire, mais elle a de plus un crochet au bas de la queue; la double-croche a deux crochets; la triple-croche a trois crochets, et la quadruple-croche a quatre crochets,

D. Quelle est la valeur de la ronde?

R. La ronde vaut deux blanches, ou quatre noires, ou huit croches, ou seize doubles-croches, ou trente-deux triples-croches, ou soixante-quatre quadruples-croches.

D. Quelle est la valeur de la blanche?

R. La blanche vaut deux noires ou quatre croches ou huit doubles-croches, ou seize triples-croches, ou trente-deux quadruples-croches.

D. Quelle est la valeur de la noire?

R. La noire vaut deux croches, ou quatre doubles-croches, ou huit triples-croches, ou seize quadruples croches.

D. Quelle est la valeur de la croche?

R. La croche vaut deux doubles-croches, ou quatre triples-croches, ou huit quadruples-croches.

D. Quelle est la valeur de la double-croche?

R. La double-croche vaut deux triples-croches, ou quatre quadruples-croches.

D. Quelle est la valeur de la triple-croche?

R. La triple-croche vaut deux quadruples croches.

D. Quelle est la valeur de la quadruple-croche?

R. La quadruple-croche n'a que sa valeur intrinsèque.

D. Qu'appelle-t-on *mesure?*

R. On appelle mesure l'espace qui existe entre deux barres droites placées sur la portée; toutes les notes renfermées entre ces deux barres forment une mesure.

D. Combien y a-t-il de sortes de mesures?

R. Il y a trois sortes de mesures : la mesure à deux temps, la mesure à trois temps et la mesure à quatre temps.

D. Comment se marquent ou s'écrivent les différentes mesures ?

R. La mesure à deux temps se marque par un 2 ou un C barré : la mesure à trois temps par un 3, et la mesure à quatre temps par un grand C.

D. Comment se battent ces mesures ?

R. La mesure à deux temps se bat en frappant et en levant ; la mesure à trois temps, en frappant, à droite et en levant ; la mesure à quatre temps, en frappant, à gauche, à droite et en levant.

BIBLIOTHÈQUE IMPÉRIALE IMPR.

LEÇONS.

Appliquées au CHAPITRE 2me.

Sept espèces de notes.

Mesure à deux tems.

Nº 22
2
Nº 23
2
Nº 24
2

Nº 25

Nº 26

Nº 27

Nº 28
Nº 29
Nº 30

Nº 31
Nº 32
Nº 33

Nº 34
Nº 35
Nº 36

Nº 37
2
Nº 38
2
Nº 39
2
Nº 40
2

Nº 41
Nº 42
Nº 43

Nº 44
Nº 45
Nº 46

Nº 47

Nº 48

Nº 49

Nº 50

No. 51

CHAPITRE III.

Des Silences remplaçant les notes.

BIBLIOTHÈQUE IMPÉRIALE

Le *Silence* est un signe employé pour indiquer qu'il faut se taire ou garder le silence.

Les Silences sont au nombre de sept, et correspondent aux sept espèces de notes.

Ces Silences s'appellent la **pause**, la **demi-pause**, le **soupir**, le **demi-soupir**, le **quart de soupir**, le **demi-quart de soupir** et le **seizième de soupir**.

La pause tient la place d'une ronde; la demi-pause, celle d'une blanche; le soupir, celle d'une noire; le demi-soupir, celle d'une croche; le quart de soupir, celle d'une double-croche; le demi-quart de soupir, celle d'une triple-croche; et le seizième de soupir, celle d'une quadruple-croche. *Exemple: Page 39.*

La forme de la pause et celle de la demi-pause étant semblables, il est important de savoir que la différence qui existe entre elles, c'est que la pause se place au-dessous d'une ligne et la demi-pause au-dessus.

MÊME CHAPITRE *par Demandes et par Réponses.*

D. Qu'appelle-t-on *Silence?*

R. On appelle *Silence* un signe qui indique qu'il faut se taire, ou garder le silence.

****

D. Combien y a-t-il de Silences?

R. Il y a sept Silences qui correspondent aux sept espèces de notes.

D. Comment les appelle-t-on?

R. On les appelle: la pause, la demi-pause, le soupir, le demi-soupir, le quart de soupir, le demi-quart de soupir et le seizième de soupir.

D. De quelle note la pause tient-elle la place?

R. La pause tient la place de la ronde, c'est-à-dire qu'il faut garder le silence pendant la durée d'une ronde.

D. De quelle note la demi-pause tient-elle la place?

R. La demi-pause tient la place de la blanche.

D. De quelle note le soupir tient-il la place?

R. Le soupir tient la place de la noire.

D. En est-il de même des autres silences?

R. Oui, tous les autres silences tiennent la place de la note à laquelle chacun d'eux correspond.

D. Quelle remarque à faire pour distinguer la pause de la demi-pause?

R. Ce qui distingue la pause de la demi-pause, c'est que la pause se place au-dessous d'une ligne, et la demi-pause se place au-dessus.

BIBLIOTHÈQUE IMPÉRIALE IMPR.

LEÇONS

Appliquées au CHAPITRE 3me

Sept silences.

Nº 53

Nº 54

Nº 55
Nº 56

Nº 57
Nº 58
1 2 3 4 1 2 3 4 1 2 3 4
1 2 3 4
1 2 3 4
1 2 3 4

1 2 3 4
1 2 3 4
1 2 3 4
N° 59

Nº 60
Nº 61

Nº 62
Nº 63
1 2 3 4
1 2 3 4

Nº 64

CHAPITRE IV.

Des Signes qui altèrent les Notes.

BIBLIOTHÈQUE IMPÉRIALE

Il y a en Musique des signes qui altèrent la note devant laquelle ils sont placés.

Ces signes sont au nombre de trois et on les nomme : le **Dièze**, le **Bémol**, et le **Béquarre**. *Voir le modèle Page 45.*

Le dièze sert à élever d'un demi-ton la note devant laquelle il se trouve placé.

Le bémol au-contraire baisse d'un demi-ton la note devant laquelle il se trouve.

Le béquarre sert à rétablir la note dans son ton naturel.

Il y a sept dièzes et sept bémols, c'est-à-dire qu'ils peuvent se placer devant les sept notes ; mais il ne s'y placent pas indistinctement et de la même manière.

Les Élèves doivent bien graver dans leur mémoire l'ordre dans lequel les dièzes et les bémols doivent être placés. *Voir l'Exemple à la Page 45.*

Quand immédiatement après la clef on voit écrit un ou plusieurs dièzes, un ou plusieurs bémols, on doit de suite comprendre que toutes les notes qui se trouveront sur les mêmes lignes que ces dièzes ou ces bémols seront élevées ou baissées d'un demi-ton, sans qu'on renouvelle ces signes, dans tout le cours du morceau de Musique.

Mais si l'on a employé le béquarre et qu'il faille revenir au ton indiqué par les dièzes ou les bémols, il faut que ces signes soient renouvelés.

On appelle dièzes ou bémols constitutifs ceux qui, placés après la clef, constituent une gamme ; et on les nomme accidentels quand ils se présentent comme en passant dans le cours du chant.

MÊME CHAPITRE *par Demandes et par Réponses.*

D. Quel est le nombre et le nom des signes qui altèrent les notes ?

R. Ces signes sont au nombre de trois et on les nomme : le **Dièze**, le **Bémol** et le **Béquarre**.

D. A quoi sert le dièze?

R. Le dièze sert à élever d'un demi-ton la note devant laquelle il se trouve posé.

D. A quoi sert le bémol?

R. Le bémol sert à baisser d'un demi-ton la note devant laquelle il est placé,

D. A quoi sert le béquarre?

R. Le béquarre rétablit la note dans son ton naturel.

D. Peut-on placer les dièzes et les bémols devant toutes les notes?

R. Oui, l'on peut placer les dièzes et les bémols devant toutes les notes, mais on ne peut pas le faire indistinctement; il y a un ordre établi dans lequel ils doivent être placés après la clef.

D. Quel est cet ordre dans lequel il faut placer les signes accidentels?

R. Les dièzes se placent devant les notes, fa, do, sol, ré, la, mi, si; et les bémols au-contraire sur les notes inverses: si, mi, la, ré, sol, do, fa.

D. Que doit-on donc conclure quand on voit à la clef des dièzes ou des bémols?

R. On doit conclure que toutes les notes du morceau de Musique qui correspondent à ces dièzes ou bémols doivent être élevées ou baissées d'un demi-ton, à moins que le béquarre ne vienne les rétablir dans leur ton naturel.

D. Mais lorsque le béquarre a été employé et qu'on veut revenir au ton marqué par les signes accidentels, que faut-il faire?

R. Il faut que ces signes soient renouvelés.

D. Qu'appelle-t-on dièzes ou bémols constitutifs, dièzes ou bémols accidentels.

R. On appelle constitutifs les dièzes et bémols qui sont placés après la clef et qui constituent la gamme; et on nomme accidentels ceux qui se présentent comme en passant dans le cours du chant.

BIBLIOTHÈQUE IMPÉRIALE IMPR.

LEÇONS.

Appliquées au CHAPITRE 4me.

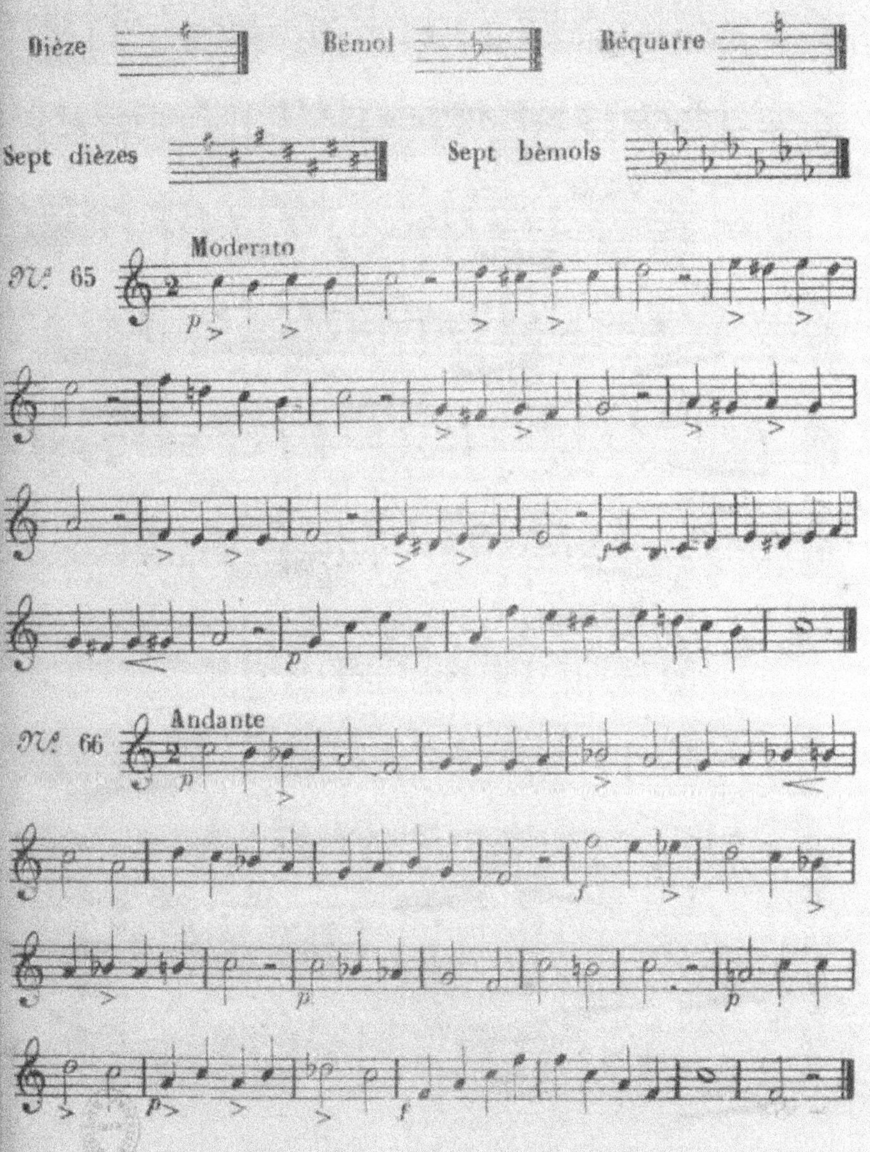

Lento.
Nº 67
Vivace.
Nº 68
Moderato.
Nº 69

p
Rillattendo.
Allegro non troppo
Nº 70
Sforzando.
p
p
p
Allegro moderato.
Nº 71
p
p
p

Nº 72
Largo
Cresc.

CHAPITRE V.

Du Point et de son emploi.

BIBLIOTHÈQUE IMPÉRIALE

Le **Point** se place à la suite d'une note, et il a la valeur de la moitié de cette note qui le précède, c'est-à-dire qu'il la prolonge de moitié. *Exemple: Page 55.*

Ainsi le Point placé à la suite d'une ronde vaut une blanche, c'est-à-dire qu'il prolonge la durée de cette ronde comme s'il y avait une ronde et une blanche jointes ensemble.

Successivement, le point placé après une blanche a la valeur d'une noire, c'est-à-dire qu'il prolonge la durée de cette blanche comme s'il y avait une blanche et une noire jointes ensemble.

Il faut faire la même application pour toutes les autres notes suivies d'un point; leur durée s'augmente de moitié.

On fait usage du Point dans les différentes mesures; mais il constitue principalement la mesure à trois temps.

Exemple de la composition de cette mesure, Page 55.

Quelquefois on recontre un Point placé au-dessus ou au-dessous d'une note: ce Point ne prolonge pas la note: au-contraire, il indique que cette note doit être détachée.

Il existe encore un autre point, qu'on appelle **Point d'Orgue**: 𝄐 on l'emploie pour s'arrêter longuement sur une note et faire même un moment de repos.

*****

MÊME CHAPITRE *par Demandes et par Réponses.*

D. Où se place le **Point.**

R. Le Point se place à la suite d'une Note.

D. Qu'elle est la valeur du Point?

R. Le Point vaut la moitié de la note qui le précède.

D. Quelle est donc la valeur du Point placé après une ronde?

R. Le Point placé après une ronde a la valeur d'une blanche, c'est-à-dire qu'il prolonge la durée de la ronde comme s'il y avait une ronde et une blanche unies ensemble.

D. Quelle est la valeur du Point placé après une blanche?

R. Le Point placé après une blanche a la valeur d'une noire, c'est-à-dire qu'il prolonge la durée de la blanche, comme s'il y avait une blanche et une noire unies ensemble.

D. Doit-on donner la même explication du Point placé après toutes les autres notes?

R. Oui, le Point placé à la suite de toute espèce de note augmente de moitié la valeur et la durée de cette note.

D. Fait-on usage du Point dans toutes les mesures?

R. Oui, on fait usage du Point dans toutes les mesures, mais il constitue surtout la mesure à trois temps.

D. Que signifie le Point que l'on rencontre quelquefois, non pas à la suite d'une note, mais au-dessus ou au-dessous d'une note?

R. Ce Point ne prolonge pas la note; au-contraire il indique que cette note doit être détachée.

D. A quoi sert le point qu'on appelle **Point d'Orgue**?

R. Le Point d'Orgue sert à prolonger longuement la note et à faire même un moment de repos.

BIBLIOTHÈQUE IMPÉRIALE IMPR.

LEÇONS

Appliquées au CHAPITRE 5me

Valeur du point.

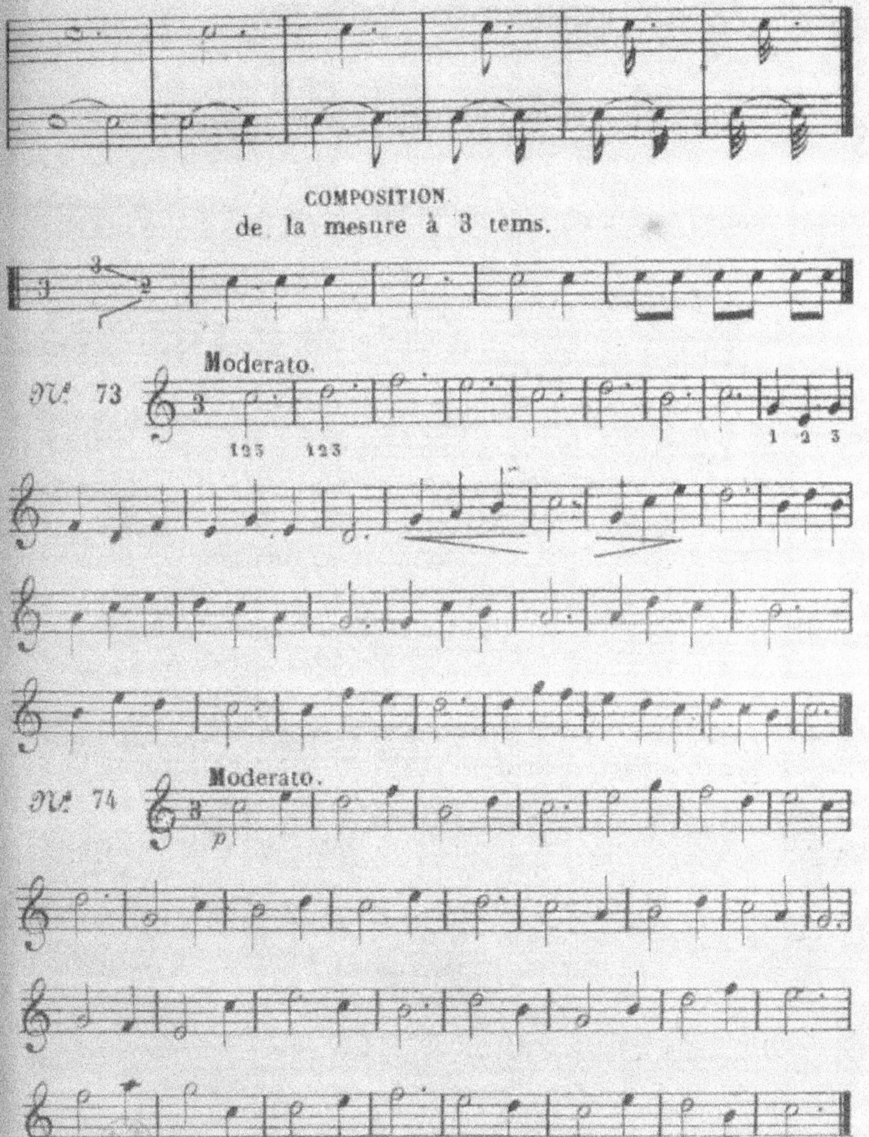

Moderato.
Nº 75
Andante.
Nº 76

Sostenuto.
Nº 71

Allegro moderato.
Nº 78
p
détaché.
mf
p
Andante.
Nº 79
p
f
p
f
p
p

Allegro Moderato.
№ 80
Allegro.
№ 81

Nº 82
Largo.
Nº 83
Moderato.
p
Nº 84
Legato.

Andante.
Nº 85
p
détaché.
détaché.
p

Martiale.
Nº 86
mf
f
f
p
mf
p
mf
f
f
f
p
p
p
p
p
p
f
p

CHAPITRE VI.

Des Tons et des Demi-Tons : Des Gammes Majeure et Mineure.

BIBLIOTHÈQUE IMPÉRIALE

Les sept notes de la Gamme forment entre elles **cinq Tons** et deux **Demi-Tons**. *Exemple : Page 65.*

On distingue la **Gamme Majeure** et la **Gamme Mineure**.

Dans la Gamme Majeure on trouve d'abord d'abord deux Tons pleins et ensuite un Demi-Ton ; puis trois Tons pleins et un Demi-Ton, comme dans *l'Exemple : Page 65.*

Dans la Gamme Mineure, on ne trouve en commençant qu'un seul Ton plein suivi immédiatement d'un Demi-Ton ; puis arrivent deux Tons pleins, suivis d'un Demi-Ton ; et enfin un Ton et demi, puis un Demi-Ton, comme dans *l'Exemple : Page 65.*

En comparant attentivement les deux Gammes qui servent ici d'exemple, on reconnaîtra que leur principale différence existe dans leur première Tierce. La première Tierce de la Gamme Majeure contient deux Tons pleins ; tandisque la première Tierce de la Gamme Mineure ne contient qu'un Ton plein et un Demi-Ton. L'une et l'autre de ces deux Gammes se terminent également par un Demi-Ton,

De là les noms de **Tierce Majeure** et de **Tierce Mineure**.

La Tierce Majeure, comme nous venons de le dire, est celle qui possède deux Tons pleins ; et la Tierce Mineure ne possède qu'un Ton plein et un Demi-Ton.

Ainsi d'une manière générale on saura qu'on est dans un Ton Majeur, quand la première Tierce de la Gamme sera une Tierce Majeure ; et on sera dans un Ton Mineur, quand la première Tierce de la Gamme sera une Tierce Mineure.

MÊME CHAPITRE *par Demandes et par Réponses.*

D. Combien les sept notes de la Gamme forment-elles de Tons et de Demi-Tons?

R. Les sept notes de la Gamme forment cinq Tons et deux Demi-Tons.

D. Combien distingue-t-on d'espèces de Gamme?

R. On distingue deux espèces de Gamme; la Gamme Majeure et la Gamme Mineure.

D. Dans ces deux Gammes les Tons et les Demi-Tons se présentent-ils dans le même ordre?

R. Non dans la Gamme Majeure et la Gamme Mineure les tons et les Demi-Tons ne se présentent pas dans le même ordre.

D. Quel est cet ordre différent?

R. Dans la Gamme Majeure, on trouve d'abord deux Tons pleins et un Demi-Ton; puis, trois Tons pleins et un Demi-Ton; tandisque dans la Gamme Mineure on ne trouve en commençant qu'un Ton et un Demi-Ton, et ensuite deux Tons suivis d'un Demi-Ton, et enfin un Ton et demi et un Demi-Ton.

D. Faites mieux connaître encore cette différence?

R. La principale différence de la Gamme Majeure et de la Gamme Mineure existe dans leur première Tierce. La première Tierce de la Gamme Majeure contient deux Tons pleins, tandisque la première Tierce de la Gamme Mineure ne contient qu'un Ton plein et un Demi-Ton.

D. Il n'y a donc point de différence pour la fin de ces deux Gammes?

R. Non elles se terminent l'une et l'autre par un Demi-Ton.

D. Que veulent dire ces expressions de Tierce Majeure et de Tierce Mineure?

R. La Tierce Majeure est celle qui contient deux Tons pleins; la Tierce Mineure ne contient qu'un Ton plein et un Demi-Ton.

D. Comment sait-on qu'on est dans un Ton Majeur?

R. On sait qu'on est dans un Ton Majeur quand la première Tierce de la Gamme est une Tierce Majeure.

D. Comment sait-on qu'on est dans un Ton Mineur.

R. Quand la première Tierce de la Gamme est une Tierce Mineure.

CHAPITRE VII.

Des Mesures Composées.

On appelle **Mesures Composées** des Mesures qui, tout en se battant de la même manière que les Mesures simples, sont formées de notes d'une autre valeur que celles qui forment les Mesures simples.

Les Mesures Composées se marquent par deux chiffres placés l'un sur l'autre, telles que, la Mesure à deux quatre $\frac{2}{4}$; la Mesure à trois huit $\frac{3}{8}$; la Mesure à six huit $\frac{6}{8}$; la Mesure à $\frac{12}{4}$; la Mesure à $\frac{12}{8}$.

Dans ces Mesures Composées, le chiffre supérieur désigne le nombre de notes qui doivent former la mesure; et le chiffre inférieur indique l'espèce et la valeur de ces notes.

Ainsi l'on sait que dans la mesure ordinaire à deux temps il faut deux blanches; or, dans la Mesure composée à $\frac{2}{4}$ qui se bat comme la Mesure ordinaire à deux temps, le chiffre 2 marque qu'il doit y avoir aussi deux notes dans la Mesure; mais le chiffre 4 annonce que ces deux notes doivent être deux quatrièmes parties de la ronde, c'est-à-dire deux noires.

La Mesure à six huit $\frac{6}{8}$ se bat aussi comme la Mesure à deux temps; mais par le chiffre 6 il faut comprendre qu'il doit y avoir six notes dans la Mesure, c'est-à-dire trois pour chaque temps, et par le chiffre 8 ce sont des croches ou des huitièmes parties de ronde qui sont désignées.

Dans la Mesure ordinaire à trois temps, on sait qu'il faut trois noires. Dans la Mesure composée à trois huit $\frac{3}{8}$; qui se bat comme la Mesure à trois temps, le chiffre 3 fait savoir qu'il faut aussi trois notes; mais le chiffre 8 marque que ces notes doivent être trois huitièmes parties de la ronde, c'est-à-dire trois croches.

Enfin il faut expliquer de la même manière les Mesures à douze quatre $\frac{12}{4}$ et à douze huit $\frac{12}{8}$ qui répondent à la Mesure à quatre temps, mais dont les chiffres désignent et le nombre et la nature des notes qui doivent les composer.

MÊME CHAPITRE *par Demandes et par Réponses.*

D. Qu'appelle-t-on **Mesures Composées?**

R. On appelle Mesures Composées des Mesures qui, tout en se battant de la même manière que les mesures simples et ordinaires, sont formées de notes d'une autre valeur que celles qui forment les Mesures simples.

D. Les Mesures composées se marquent-elles autrement que les Mesures simples?

R. Oui, les Mesures composées se marquent par deux chiffres posés l'un sur l'autre, tandisque les Mesures simples ne se marquent que par un chiffre?

D. Qu'elles sont ces Mesures composées?

R. Ces Mesures composées sont: la Mesure à deux quatre marquée par un 2 au-dessus d'un 4; la Mesure à six huit marquée par un 6 au-dessus d'un 8; la Mesure à trois huit marquée par un 3 au-dessus d'un 8; la Mesure à douze quatre marquée par un 12 au-dessus d'un 4; et la Mesure à douze huit marquée par le chiffre 12 au-dessus du chiffre 8.

D. Que signifient ces deux chiffres?

R. Le chiffre supérieur désigne le nombre de notes qui doivent composer la mesure, et le chiffre inférieur désigne la nature de ces notes.

D. Comment se bat la mesure à deux quatre et que désignent les deux chiffres qui servent à la faire connaître?

R. La mesure à deux quatre se bat comme la mesure à deux temps; le chiffre 2 indique qu'il faut deux notes dans la mesure, mais le chiffre 4 fait connaître que ces deux notes doivent être deux quatrièmes parties de la ronde, c'est-à-dire deux noires.

D. Et la Mesure à six huit, comment se bat-elle, et que signifient ses deux chiffres ?

La Mesure à six huit répond encore à la Mesure à deux temps et se bat de même; mais le chiffre 6 exige six notes dans la mesure, ou trois pour chaque temps, et le chiffre 8 veut que ces notes soient des croches.

D. Comment se bat la mesure à trois huit? et que signifient &....

R. La Mesure à trois huit se bat comme la Mesure simple à trois temps; le chiffre 3 indique qu'il faut trois notes dans cette mesure; mais le chiffre 8 fait savoir que ces trois notes doivent être trois huitièmes parties de la ronde, c'est-à-dire trois croches.

D. Pouvez-vous donner la même explication pour les Mesures à douze quatre et à douze huit?

R. Oui, ces deux Mesures répondent à la Mesure à quatre temps et se battent comme elle; le chiffre supérieur désigne le nombre de notes, et le chiffre inférieur la valeur de ces notes.

BIBLIOTHÈQUE IMPÉRIALE IMPR.

LEÇONS.

Appliquées au CHAPITRE 6e et 7me

Andante.
Nº 89
Mi ♭ majeur.
Sostenuto.
Nº 90
Fa majeur.

Cresc.
Detaché.
Gracioso.
Nº 91
En la majeur

réllatt.
Andantè con moto.
Nº 92
La mineur.
detaché.

CHAPITRE VIII.

De la Liaison, de la Syncope et du Triolet.

La **Liaison** est une espèce de demi-cercle jeté d'une note à une autre, ou même sur plusieurs notes, pour les unir ensemble. *Exemple, Page 75.*

Quand deux ou plusieurs notes sont unies par une **Liaison**, on ne doit prononcer en chantant que la première note que l'on prolonge tant que dure la Liaison, sans prononcer les autres notes.

On appelle **Syncope** l'action de couper une note dont on porte la moitié sur la note suivante, sans donner de secousse à la voix. *Voir l'Exemple, Page 75.*

Le **Triolet** est le passage de trois notes dans le même espace de temps que pour deux notes de la même nature; il est indiqué par un 3 placé en dessus ou en dessous des trois notes, *Exemple, Page 75.*

MÊME CHAPITRE *par Demandes et par Réponses.*

D. Qu'est-ce qu'une **Liaison**?

R. La Liaison est une espèce de demi-cercle qui, jeté d'une note à une autre ou même sur plusieurs notes, les unit ensemble.

D. Quand deux ou plusieurs notes sont unies par une **Liaison**, que faut-il faire?

R. Il faut, en chantant, prononcer seulement la première note et la prolonger, tant que dure la Liaison, sans prononcer les autres notes.

D. Qu'appelle-t-on **Syncope**?

R. On appelle Syncope l'action de couper une note dont on porte la moitié sur la note suivante, sans donner de secousse à la voix.

D. Qu'est-ce qu'on appelle **Triolet**?

R. On appelle Triolet le passage de trois notes dans le même espace de temps que pour deux notes de la même nature.

D. Comment connaît-on le Triolet?

R. Le triolet est ordinairement indiqué par un 3 placé au-dessus ou au-dessous des trois notes.

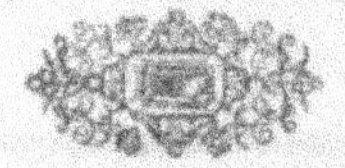

LEÇONS.

Appliquees au CHAPITRE 8me.

Andante.
№ 94
Allegro.
№ 95

Lento.
Nº 96
Legato.
Nº 97

Moderato.
Nº 98

EXPLICATION

de certains Signes et de certaines Expressions qu'on emploie en Musique.

:| *Reprise :* exécuter deux fois ce qui se trouve avant ces deux points.

|: :| *Reprise :* exécuter deux fois ce qui se trouve entre les quatre points.

𝄋 *Renvoi.* Arrivé à ce signe, on reprend l'exécution jusqu'au mot *fin*.

< Ce signe indique qu'il faut commencer avec douceur l'intonation de la note et enfler graduellement la voix.

> Au-contraire avec ce signe, il faut commencer fort et adoucir insensiblement

< > Ce double signe veut dire qu'il faut enfler, puis diminuer les sons.

p. signifie piano ou doux.

pp. — très-piano ou très-doux.

f. — fort.

ff. — très-fort.

Andante. . . . agréablement.
Andantino . . . doux et agréable.
Adagio . . . . gravement.
Affectuoso . . . avec affection.
Allegro . . . . joyeux, et vif.
Allegretto . . . très-joyeux, très-vif.
Allegro non troppo. pas trop vif
Commodo . . . à l'aise.
Cantabile. . . . d'une manière chantante.
Crescendo . . . augmentant la voix avec force.
Diminuendo. . . en diminuant le son.
Dolce. . . . . avec douceur.
Expressivo . . . avec expression.
Grazioso. . . . avec grâce.
Lento. . . . . lentement.
Largo . . . . large.
Larguetto . . . large et gracieux.
Maestoso. . . . majestueux, lent.
Moderato . . . modéré.
Martiale . . . d'un air martial.
Presto . . . . avec prestesse.
Rillattendo . . . en ralentissant.
Risoluto. . . . d'une manière résolue.
Sostenuto . . . d'une manière soutenue.

Spiritoso. . . . avec âme.

Smorzando . . . en mourant.

Tempo di marcia. mouvement de marche.

Vivace . . . . vivement.

L'usage et l'expérience feront connaître les autres expressions employées par les différents Auteurs.

TABLE.

BIBLIOTHÈQUE IMPÉRIALE IMPR.

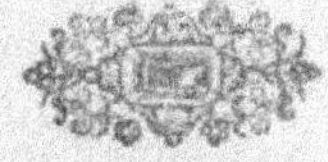

SIX MOTETS

simples et faciles

pour le Salut

DU S^T. SACREMENT

Arrangés à trois Voix,

PAR

M^r. L'ABBÉ DELACROIX

Chan. hon. de Nevers,

Maître de Chapelle et Directeur de la Maîtrise de S^t. Merry,

Membre de plusieurs sociétés savantes.

PARIS.

Ces Motets se vendent à part de la Méthode

au prix net de 2 fr.

Chez l'Auteur, Rue de la Verrerie, 76,

et chez BENARD-TABEREAU, Editeur de Musique, rue de l'Université, N°. 40

1854

Vm^8. 234 (2)

O SALUTARIS.

Sostenuto.
p
O sa_lu_ta_ris hos_ti _ a Quæ cæ_li pan_dis os_ti
O sa_lu_ta_ris hos_ti _ a Quæ cæ_li pan_dis os_ti
O sa_lu_ta_ris hos_ti _ a Quæ cæ_li pan_dis os_ti
_um O sa_lu _ ta_ris hos_ti _ a Quæ cæ_li pan_dis os_ti
_um O sa_lu _ ta_ris hos_ti _ a Quæ cæ_li pan_dis os_ti
_um O sa_lu _ ta_ris hos_ti _ a Quæ cæ_li pan_dis os_ti
_um Bel_la premunt hos_ti_li_a Bel_la premunt hos_ti_li_a da_ro_bur
_um Bel_la premunt hos_ti_li_a Bel_la premunt hos_ti_li_a da_ro_bur
_um Bel_la premunt hos_ti_li_a Bel_la premunt hos_ti_li_a da_ro_bur
pp rall.
fer_au_xi_li_um da_ro_bur da_ro_bur da_ro_bur fer_au_xi_li_um.
fer_au_xi_li_um da_ro_bur da_ro_bur fer_au_xi_li_um.
fer_au_xi_li_um da_ro_bur da_ro_bur fer_au_xi_li_um.

Sostenuto.
Qui car_ne nos pas_cis tu_a Sit laus ti_bi pas_tor bo_ne
Qui car_ne nos pas_cis tu_a Sit laus ti_bi pas_tor bo_ne
Qui car_ne nos pas_cis tu_a Sit laus ti_bi pas_tor bo_ne
Qui car_ne nos pas_cis tu_a Sit laus ti_bi pas_tor bo_ne
Qui car_ne nos pas_cis tu_a Sit laus ti_bi pas_tor bo_ne
Qui car_ne nos pas_cis tu_a Sit laus ti_bi pas_tor bo_ne
Cum pa_tre cum que spi_ri_tu Cum pa_tre cum que spi_ri_tu in sem_pi_
Cum pa_tre cum que spi_ri_tu Cum pa_tre cum que spi_ri_tu in sem_pi_
Cum pa_tre cum que spi_ri_tu Cum pa_tre cum que spi_ri_tu in sem_pi_
rillan.
_ter_na se_cu_la in sempi_ter_na in sempiter_na in sempi_ter_na se_cu_la
_ter_na se_cu_la in sempi_ter na in sempi_ter_na se_cu_la
_ter_na se_cu_la in sempi_ter_na in sempi_ter_na se_cu_la.

ECCE PANIS.

Andantino.
p
Ec - ce pa - nis an - ge - lo - rum
Bo - ne pas - tor pa - nis ve - re
p
Ec - ce pa - nis an - ge - lo - rum
Bo - ne pas - tor pa - nis ve - re
p
Ec - ce - pa - nis an - ge - lo - rum
Bo - ne pas - tor pa - nis ve - re
Ec - - ce pa - - nis an - ge - lo - rum
Je - - su nos - - tri mi - - se - re - re
Ec - - ce pa - - nis an - - ge - lo - rum
Je - - su nos - - tri mi - - se - re - re
Ec - - ce pa - - nis an - - ge - lo - rum
Je - - su nos - - tri mi - - se - re - re
fac - tus ci - - bus ci - bus vi - a - to - - rum
tu nos pas - - ce nos tu - - e - - re
fac - tus ci - - bus ci - bus vi - a - to - - rum
tu - nos pas - - ce nos tu - - e - - re
fac - tus ci - - bus ci - bus vi - a - to - - rum
tu nos pas - - ce nos tu - - e - - re

ve - re pa - nis pa - nis fi - li - o - rum non mit - -
tu nos bo - na bo - na fac vi - de - re in ter - -
ve - re pa - nis pa - nis fi - li - o - rum non mit - -
tu nos bo - na bo - na fac vi - de - re in ter - -
ve - re pa - nis pa - nis fi - li - o - rum non mit - -
tu nos bo - na bo - na fac vi - de - re in ter - -
- ten - dus ca - ni - bus non mit - ten - dus ca - - ni -
ra vi - ven - ti - um in ter - ra vi - ven - - ti
- ten - dus ca - ni - bus non mit - ten - dus ca - - ni -
ra vi - ven - ti - um in ter - - ra vi - - ven - - ti -
- ten - dus ca - ni - bus non mit - ten - dus ca - ni - -
ra vi - ven - ti - um in ter - ra vi - ven - ti - -
- bus A - men, a - men, a - men, a - men.
um.
- bus A - men, a - men, a - men, a - men.
um.
- bus A - men, a - men, a - men, a - - men.
um.

O SACRUM.

Religioso.
O sa - crum con vi - vi - um in quo Christus su - mi -
O sa - crum con vi - vi - um in quo Christus su - mi -
O sa crum con vi - vi - um in quo Christus su - mi -
tur O sa crum con vi - vi - um in quo Christus su - mi -
tur O sa - crum con vi - vi - um in quo Christus su - mi -
- tur
tur Re - co - li - tur me - mo - - ri - a pas - si - o - nis tu - æ
- tur
Re - co - li - tur me - mo - ri - a pas - si - o - nis tu - æ
mens im ple - tur gra - ti - â im ple - tur gra - ti -
mens im ple - tur gra - ti - â im ple - tur gra - ti -
mens im ple - tur gra ti - â im ple - tur gra - ti -

p
ã Et fu_tu_ræ glo_ri æ et fu_ tu_ræ glo_
ã Et fu_tu_ræ glo_ri æ et fu_ tu_ræ glo_
ã Et fu_tu_ræ no_ _bis.
æ no_ _ _bis pi_gnus da_ _ _tur O sa_crum con vi_
æ no_bis pi_gnus da_tur O sa_crum con vi_
no_bis pi_gnus da_tur O sa crum con vi_
um in quo Christus su_mi_tur O sa_crum con vi_vi_um i
um in quo Christus su_mi_tur O sa_crum con vi_vi_um i
um in quo Christus su_mi_tur O sa_crum con vi_vi_um i
quo Christus su_ _ _mi_ _tur O sa_crum con vi_vi_um.
quo Christus su_ _ _mi_tur O sa_crum con vi_vi_um.
quo Christus su_ _ _mi_tur O sa_crum con vi_vi_um.
f

SUB TUUM.

Andante.
Sub-tu-um præ-si-di-um con-fu-gi-mus con-fu-gi-
Sub-tu-um præ-si-di-um con-fu-gi-mus con-fu-gi-
con-fu-gi-
mus Sanc-ta De-i ge-ni-trix Sanc-ta-De-i
mus Sanc-ta De-i ge-ni-trix Sanc-ta De-i
mus Sanc-ta De-i
ge-ni-trix Nos-tras de-pre-ca-ti-o-nes ne des pi-ci-
ge-ni-trix Nos-tras de-pre-ca-ti-o-nes ne des pi-ci-
ge-ni-trix
as ne des-pi-ci-as in ne-ces-si-ta-ti-bus Sed a pe-
as ne des-pi-ci-as in ne-ces-si-ta-ti-bus Sed a pe-
ne des-pi-ci-as in ne-ces-si-ta-ti-bus

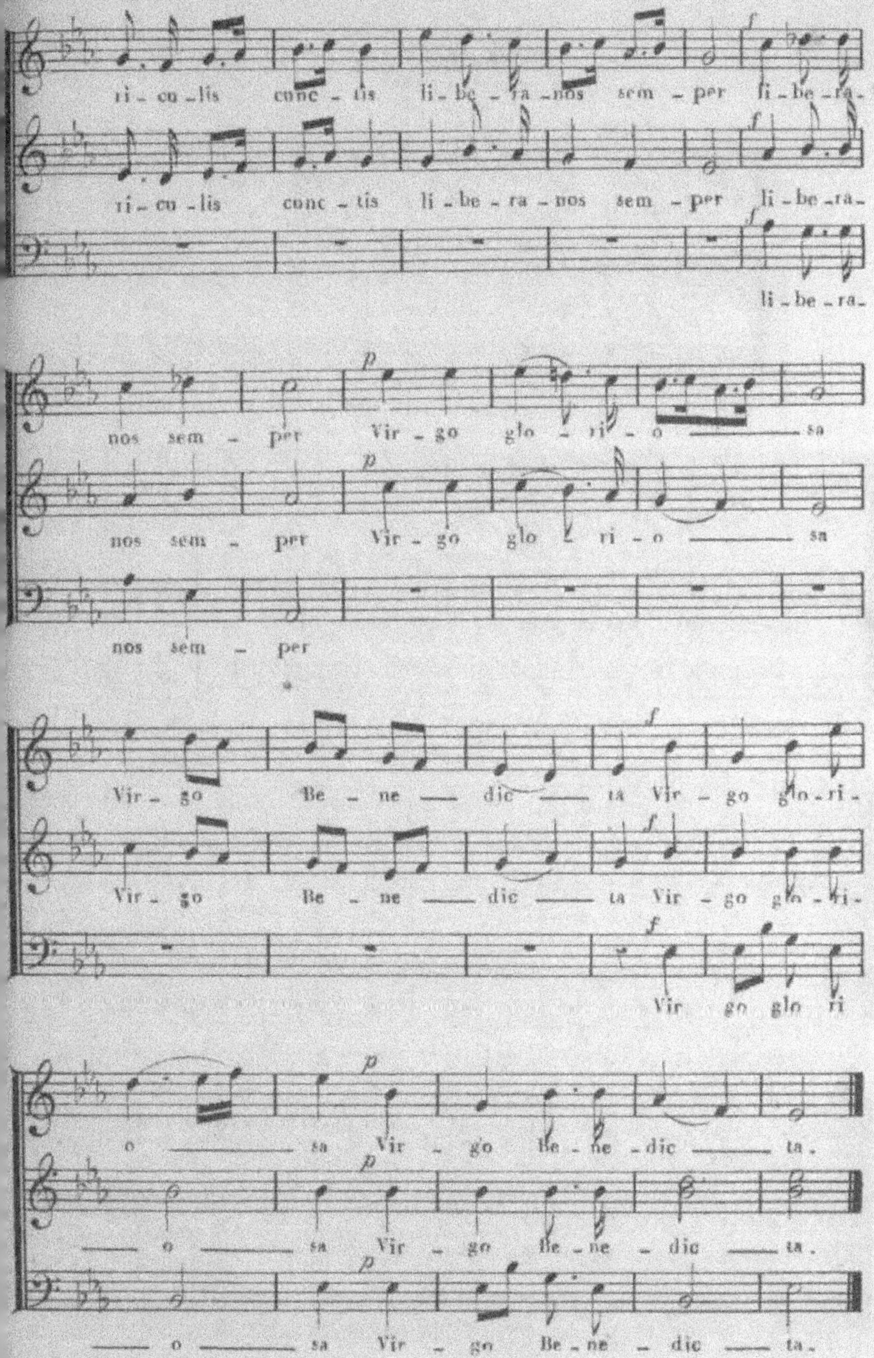
ri _ cu _ lis conc _ tis li _ be _ ra _ nos sem _ per li _ be _ ra _
ri _ cu _ lis conc _ tis li _ be _ ra _ nos sem _ per li _ be _ ra _
li _ be _ ra _
nos sem _ per Vir _ go glo _ ri _ o sa
nos sem _ per Vir _ go glo _ ri _ o sa
nos sem _ per
Vir _ go Be _ ne _ dic _ ta Vir _ go glo _ ri _
Vir _ go Be _ ne _ dic _ ta Vir _ go glo _ ri _
Vir _ go glo ri
o sa Vir _ go Be _ ne _ dic _ ta.
o sa Vir _ go Be _ ne _ dic _ ta.
o sa Vir _ go Be _ ne _ dic _ ta.

AVE MARIA.

p Dolce.
A - ve Ma - ri - - a gra - ti - a ple - - na
A - ve Ma - ri - - a gra - ti - a ple - - na
A - ve Ma - ri - - a gra - ti - a ple - - na
Do - mi - nus Do - mi - nus te - - cum Be - ne - dic - ta tu
Do - mi - nus Do - mi - nus te - - cum Be - ne - dic - ta tu
Do - mi - nus Do - mi - nus te - - cum Be - ne - dic - ta tu
in mu - li - e - ri - bus Et Be - ne - dic - - tus
in mu - li - e - ri - bus Et Be - ne - dic - - tus
in mu - li - e - ri - bus Et Be - ne - dic - - tus
fruc - tus ven - tris tu - - i Je - sus San - cta Ma -
fruc - tus ven - tris tu - - i Je - sus San - cta Ma -
fruc - tus ven - tris tu - - i Je - sus San - cta Ma -

ri - a Ma - ter De - i O - ra pro-
ri - a Ma - ter De - i O - ra pro
ri - a Ma - ter De - i O - ra pro-
no - bis pec - ca - to - ri - bus Nunc Et in
no - bis pec - ca - to - ri - bus.
no - bis pec - ca - to - ri - bus.
ho - ra mor - tis nos - træ Nunc et in ho - ra
Nunc Et in ho - ra Nunc Et in ho - ra
Nunc et in ho - ra
mor - tis nos - træ A — men A — men.
mor - tis nos - træ A — men A — men.
mor - tis nos - træ A — men A — men.

LAUDATE DOMINUM.

in æ_ter_num Glo_ri_a Pa_tri et fi_li_o et spi_
in æ_ter_num Glo_ri_a Pa_tri et fi_li_o et spi_
in æ_ter_num Glo_ri_a Pa_tri et fi_li_o et spi_
_ri_tu_i sanc_to Si_cut e_rat in prin_ci_pi_
_ri_tu_i sanc_to Si_cut e_rat in prin_ci_pi_
_ri_tu_i sanc_to Si_cut e_rat in prin_ci_pi_
o et nunc et sem_per et in se_cu_la se_cu_lo_rum
o et nunc et sem_per et in se_cu_la se_cu_lo_rum
o et nunc et sem_per et in se_cu_la se_cu_lo_rum
a men a men a men.
a men a men a men.
a men a men a men.

www.ingramcontent.com/pod-product-compliance
Ingram Content Group UK Ltd.
Pitfield, Milton Keynes, MK11 3LW, UK
UKHW021556260726
13993UKWH00002B/871

9 782329 251295